EGLISE D'HOLNON

(ÉGLISE DE LA-HAUT)

LIVRE DE COMPTES

DE

Claude ROHAULT

Curé de l'Église Saint Quentin de Misery-en-Carnois d'Holnon

Années 1659 a 1664

Publié par M. Ch. POETTE

SAINT-QUENTIN

Imprimerie Ch. Poette, rue Croix-Belle-Porte, 21

1885

LIVRE DE COMPTES

DE

Claude ROHAULT

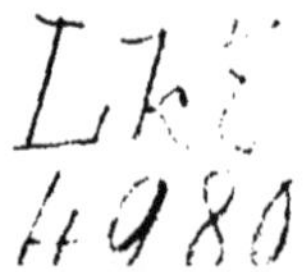

ÉGLISE D'HOLNON

(Église de La-Haut)

LIVRE DE COMPTES

DE

Claude ROHAULT

Curé de l'Église Saint Quentin de Misery-en-Carnois d'Holnon

Années 1659 a 1664

Publié par M. Ch. POETTE

SAINT-QUENTIN

Imprimerie Ch. Poette, rue Croix-Belle-Porte, 21

1885

LIVRE
DE COMPTES DE CLAUDE ROHAULT

——

ÉGLISE D'HOLNON

——

COMPTES RENDUS

Par Charle Halu, laboureur, demeurant à Holnon, et Jérémie le Nain, manouvrier, demeurant à Atilly, esmains de Antoine Béranger et Alexandre du Faiel, nouveaux marguilliers, en présence de frère Claude Rohault, prestre et religieux profès de l'abbaye de Saint-Pierre-Selincourt, et depuis le huitiesme de janvier 1657, curé de l'Église Saint Quentin Misery-en-Carnois, et de plusieurs anciens marguilliers et paroissiens dudit lieu, lesquels après les deux publications que y en été faites au prosne, se sont transportés au presbytère pour congnoistre et allouer ce que ledit Halu et le Nain présent marguillier ont receu présentement de terres, rentes et pourchat de laditte église, et ce qu'ils ont déboursé pour icelle depuis le 27ᵉ d'Avril jusqu'à cejourd'huy 17ᵉ de juillet 1661.

Ensuite, premièrement, ce que Charle Halu a reçeu dans Holnon, provenant de terres labourables et plantées en bois, appartenant à laditte église de Saint Quentin Misery-en-Carnois. De Paul Graux, manouvrier, demeurant à Holnon, auquel il a été faict bail pour un terme de neuf ans, le premier jour de janvier mil six cent cinquante-trois, de la quantité de 7 septiers 20 verges de terres labourables, séant au terroir dudit Holnon, à la redevance de huit septiers de bled pour le curé et l'église. Et de trois mancauds de surcent à Saint-Esloy, le tout conduit à Saint-Quentin au jour de saint Remy, sans diminution. Toutefois, à cause de la perte qu'il a souffert par les gens de guerre, le curé et les paroissiens luy ont diminué trois septiers de bled. Ce qui fait qu'il ne reste plus que deux septiers et demy pour la part du curé et deux septiers et demy pour l'église, lesquels aiant été vendus à l'issue de la messe paroissiale, à raison de 43 sols le septier, il a reçeu au profit de l'église, la somme de cinq livres sept sols six deniers, j'ay . . . .   5 ^{l} 7 ^{s} 6 ^{d}

Pour la seconde année, à cause des pertes advenues par le miela, ledit marguillier n'a reçeu que deux septiers et demy de bled, ce qui monte à   7   10   »

De François Morcrette, bosquillon, demeurant à Holnon, auquel il a esté fait bail pour un terme de neuf ans, le 1er jour de janvier 1653, de la quantité de quatre septiers de terre labourable, séant au terroir dudit Holnon, à la redevance de cinq septiers de bled pour le curé et l'église, et de trois mancauds de surcent pour Saint-Eloy, le tout conduit à Saint-Quentin au jour de saint Remy, sans diminution. Toutefois, parce que le curé ny les marguilliers n'en ont pu rien receuvoir pour la première et seconde année, il en sera parlé cy-après.

A reporter. .   12 ^{l} 17 ^{s} 6 ^{d}

Report. . 12 ^l 17 ^s 6 ^d

De Nicolas Achez, laboureur, demeurant à Holnon, auquel a esté fait bail pour un terme de neuf ans, le premier jour de janvier 1653, de la quantité de trois septiers et vingt verges de terres labourables, séant au terroir de Holnon, à la redevance de trois septiers de bled et deux tiers de septiers de surcent pour Saint-Eloy, le tout conduit à Saint-Quentin au jour de saint Remy, sans diminution. Toutefois, parce que le curé ny ledit marguillier n'en ont rien peu receuvoir pour la première et seconde année, il en sera parlé cy-après.

De Claude Guerle, laboureur, demeurant à Holnon, lequel tient sans aucun bail un mancaut de terre labourable, séant au terroir dudit Holnon, et un mancaut séant au terroir de Faiel, desquels on a tousjours reçeu deux septiers de blé pour le curé et l'église, et un tiers de septier de surcent à Saint-Eloy, sans diminution. Toutefois, à cause de la perte qui a été causée par les gens de guerre, le curé et les paroissiens sans toucher au surcent de Saint-Eloy, l'ont quitté pour un septier de bled en tout, à raison de 40 sols le septier, partant il a receu pour la part de l'église, une mancauldée   1   »   »

et pour la seconde année, un mancault de trente sols, j'ay   1   10   »

A reporter. . 15 ^l 7 ^s 6 ^d

Report.   .   15^l   7^s   6^d

De Claude Boucly, manouvrier, demeurant à Holnon, auquel il a été fait bail pour un terme de neuf ans, le premier jour de janvier 1653, de la quantité d'un septier de bled par chacun an, pour l'église seule, sans aucune charge, lequel bled doit être conduit à Saint-Quentin au jour de saint Remy, sans diminution, lequel aiant esté vendu à l'issue de la messe paroissiale, à raison de trente-sept sols, il a reçu au profit de l'église. . .   1   17   »

et pour la seconde année, un septier de blé de 60 sols, j'ay   3   »   »

De Claude Boucly et Pierre Capar, maréchal, de Holnon, lesquels pour un héritage contenant trois mancauts de terre, séant audit Holnon, tenant d'une lizière le long du presbytère, et de l'autre à Jean Hutin et Claude Ancelet, pardevant sur rue, et parderrière au jardin d'Estienne Bieuvois, donnant par chacun an deux septiers de blé au proufit de l'église seule sans aucune charge, lequel bled ayant été vendu à l'issue de la messe paroissiale, à raison de trente-sept sols celuy de Boucly, et 40 sols celuy dudit Capar, cela fait 3 livres 17 sols, j'ay.   3   17   »

pour la seconde année, il a receu 2 septiers de bled de six livres, j'ay   6   »   »

De Isaïe Defrance, laboureur, demeurant à Holnon, lequel comme fermier des terres

A reporter.   .   30^l   1^s   6^d

Report. . 30^l 1^s 6^d

de surcent de deffunt maistre Sébastien Diré, séants au terroir dudit Holnon, doit par chacun an, quatre septiers et un tiers de septier de bled de surcent, mesure de Saint-Quentin, au proufit de l'église seule, à la charge de donner trente sols au curé au lieu d'un septier de bled et 10 sols au clerq, au lieu d'un tiers de septier pour y chanter annuellement le 27e jour d'avril un obit solennel à l'intention de damoiselle Jeanne Diré, femme de maistre Jean de Burcour, lequel blé aiant été apprêtier à quarante-deux sols, cela fait neuf livres deux sols, j'ay   9   2   »

et pour la seconde année, le blé apprétier à 60 sols, cela fait qu'il a receu . . .   13   »   »

Pour un tiers de septier qu'il devait de l'année, Simon Dugaux apprétier à 15 sols   »   15   »

Plus pour l'année de André Béranger, receu quatre septiers et un tiers de septier à quarante-huit sols, cela fait dix livres 8 sols. Sur quoy aiant payé 40 sols pour le curé et le clerc, il reste   8   8   »

De Nicolas Achez, laboureur, demeurant à Holnon, auquel a esté fait bail pour un terme de neuf ans, le premier jour de janvier 1653, de la quantité d'un septier de terre labourable, en deux pièces, séant au terroir dudit Holnon, à la redevance de quatre livres par chacun an, dont il en appartient trente sols au curé, quinze

A reporter. . 61^l 6^s 6^d

Report. . 61 ^l 6 ^s 6 ^d

au clerc et trente-cinq à l'église, à la charge d'y chanter annuellement le septième jour de juin, un obit solennel, à l'intention de deffunt Jean Hutin, en son vivant fermier de la Cappelle. C'est pour quoy pour les deux années il doit huit livres et d'autant que le curé ny les marguilliers n'en ont rien receu, il en sera parlé cy-après.

De François Morcrette, bosquillon, demeurant à Holnon, auquel il a esté fait bail le second jour de février 1657, de la quantité de deux septiers de terre plantée en bois, nommé le Champ de l'Église et le Bois de la Fontaine, à la redevance de six livres pour chacun an, paiable au jour de saint Remy dernier, au proufit de l'église seule, laquelle la veuve dudit François Morcrette n'avait peu paier. Elle a quitté un certain ramier de bois prêt à fagoter tant pour cette somme que pour ce qu'elle pouvoit devoir au curé et aux marguilliers des années 1659, 1660 et 1661, de quatre septiers de terre labourable nommés ci-dessus, lequel ramier on a fait six cent et demi de fagots, à raison de 60 sols le cent. C'est pourquoy pour la part de l'église il y en a 325 qui monte à neuf livres 15 sols, sur quoy il faut desbattre 29 sols 3 deniers pour le fagotage, reste 8 livres 5 sols 9 deniers.

A reporter. . 61 ^l 6 ^s 6 ^d

Report. . 61 ^l 6 ^s 6 ^d

Outre ça elle a paié pour l'église au marguillier pour les deux septiers de terre susdits plantés en bois, six livres la première année et 4 livres la seconde. La dessus il faudra desbattre cy-après quelques frais de justice. Cependant, pour tout ce que dessus ledit marguillier a receu pour l'église, la somme de seize livres 5 sols 9 deniers, j'ay 16 5 9

De Louis de Villers, bouquillon, demeurant à Holnon, auquel on a passé bail pour un terme de neuf ans, le douziesme jour de may 1658, de la quantité de trois septiers et vingt verges de terre plantées en bois, divisés en trois pièces, à la redevance de six livres six sols par chacun an, paiables au curé et à l'église, au jour de saint Remy dernier. C'est pourquoy pour la part de l'église il a receu pour les deux années, six livres 6 sols, j'ay 6 6 »

De Jean de France, bosquillon, demeurant à Holnon, auquel on a promis bail pour un terme de neuf ans, le 12e jour de may 1658, de la quantité de cent verges de terre deffrichées et plantées en bois, séant au terroir de Holnon, près du Champ Lovial, à la redevance de 54 sols pour chacun an, paiable au curé et à l'église le jour de saint Remy dernier. C'est pourquoi pour la part de l'église il a receu pour les deux années . . . . 2 14 »

A reporter. . 86 ^l 12 ^s 3 ^d

Report. . 86^l 12^s 3^d

La Sablonnière contenant trois man-cauds de terre, sur le terroir de Holnon, appartenant au curé et à l'église estant maintenant hors de bail, a esté donnée au clercq pour en faire son proufit pendant ces deux années.

La recepte que Charles Halu a faite de tout ce que dessus prouvenant des terres labourables et plantées en bois, se monte à la somme de quatre-vingt-six livres douze sols trois deniers pour les deux années qu'il a esté marguillier, j'ay . . 86^l 12^s 3^d

S'ensuit ce que le curé et laditte église de Saint-Quentin Misery-en-Carnois, ont de rente pour chacun an, sur le village et terroir de Holnon :

La maison et héritage appartenant à Théodore Loier, doit par an 12 sols au curé, six au clerq, et deux à l'église pour l'obit d'Honoré Delattre, le 22 décembre pour l'église . . . . »^l 2^s »^d

La maison et héritage appartenant aux héritiers Thomas Fera, doit pour chacun an, neuf sols au curé, trois au clerq et deux à l'église, pour l'obit Magdelaine Du Pré . . . . » 2 »

La maison et héritage où demeure Jacques Graux, doit au lieu du Veriot, six sols au curé, deux au clerq et sept à l'église pour l'obit....., le 28 d'août . . » 7 »

La maison et héritage où demeure François Graux, doit pour chacun an, 24

A reporter. . »^l 11^s »^d

Report. .　»^l 11^s »^d

sols, dont il en appartient 12 au curé et
autant à l'église, sans aucune charge . .　» 12 »

La maison et héritage où demeure
Quentin Morcrette et Barbe Lamiroy,
doit par chacun an quatorze sols, dont il
en appartient sept au curé et autant à
l'église, sans aucune charge. Et d'autant
qu'ils devraient cinq années d'ariérages,
cela s'est monté pour la part de l'église à
34 sols de principal et 25 sols de frais, ce
qui fait 60 livres, j'ay . . . . . .　3 » »

L'héritage cy-dessus appartient à Pierre
Capar et Claude Boucly, doit par chacun
an, au proufit de l'église seule, sans aucune charge, partant il a reçeu. . . .　» 8 »

L'héritage et maison de Honoré Delattre, où demeure présentement Nicolas
Achez, doit par chacun an, six sols, au
proufit de l'église seule , sans aucune
charge, et d'autant, qu'il n'en a rien paié
il en sera parlé cy-après.

L'héritage où demeure présentement
François Bieuvois, doit pour chacun an,
deux sols, au proufit de l'église, sans
aucune charge. C'est pourquoy j'ay . .　» 2 »

Le mancaut de terre situé au Pourcelet,
appartenant à Laurent Graux, doit par
chacun an, deux sols, au proufit de
l'église seule, sans aucune charge, j'ay .　·» 2 »

Le bois de François Fuleine, situé sur
le chemin qui conduit à l'église, doit par

A reporter. .　4^l 15^s »^d

Report. .   4^l 15^s »^d

chacun an, un sol à laditte église seule,
sans aucune charge, j'ay. , ...   » 1 »

Et d'autan que le curé et les paroissiens l'ont quitté au clerq pour la première
année du présent marguillier, les rentes
susdites, le tout ne se monte qu'à. . .   4^l 16^s »^d

S'ensuit ce que Charles Halu a reçeu dans les deux
années de pourcha de l'église Saint Quentin Misery-en-
Carnois. Et premièrement, d'avril 1659 jusqu'au 26 d'aoust,
2 livres 14 sols, j'ay . . . .   2^l 14^s »^d

Receu pour les images livrées à nostre
feste de la dédicace . . . .   2 6 »

Receu pour la Vierge, en offrande, un
louis de trente sols, j'ay. · . . . .   1 10 »

Du vingtiesme d'avril 1660, receu de
pourcha, 3 livres 14 sols, j'ay . . . .   3 14 »

Receu de pourcha et des images livrées
à nostre feste, 3 livres 10 sols, j'ay . .   3 10 »

Du 21 novembre 1660, receu de
pourcha, 26 sols 9 deniers, j'ay . . .   1 6 9

Du 14 janvier 1661, receu de pourcha,
40 sol, j'ay. . . . .   2 » »

Du 26 avril, receu de pourcha, 61
sols, j'ay . . . .   3 1 »

Du 13 juillet, receu de pourcha, 40
sols, j'ay . . . .   2 » »

De François Letuppe, pour le prix de
son marché, 16 livres 10 sols pour
l'église, j'ay . . . .   16 10 »

38^l 11^s 9^d

Somme totale de recepte, cent et trente livres justement. Enfin, Nicolas Achez doit encore par sentence seize livres un sol à l'église.

S'ensuit ce que Charles Halu a debboursé depuis le 27 d'avril 1659, jusqu'à cejourd'huy 17 de juillet 1661 :

Premièrement, pour le pain et le vin que le curé fournit aux messes paroissiales, les festes et dimanches et pour les petits pains à communier, il lui est deu six livres. C'est pourquoi pour les deux années il a receu 12 livres, j'ay . . . . 12 ^{l} » ^{s} » ^{d}

Pour les douze messes qui se chantent le premier lundy de chaque mois, en l'honneur du glorieux martyr saint Quentin, le curé a receu pour sa part, la somme de quatre livres 10 sols, et pour la part du clerq trente sols par chacun an, ce qui fait que pour les deux années le marguillier a paié 12 livres, j'ay . . . 12 » »

Pour l'obit solennel de deffunte damoiselle Jeanne Diré, femme de maistre Jean de Burcour, qui s'est chanté le 27e jour d'avril, le curé a reçeu trente sols et le clerq, ce qui fait pour les deux années la somme de quatre livres, j'ay . . . 4 » »

Pour cinq cents d'images de saint Quentin au jour de la dédicace, soixante sols. C'est pourquoy pour les deux années il y en a un mille de six livres, j'ay . . . . 6 » »

Pour le vin de communion, au jour de Pasques, 20 sols, et autant la seconde année . . . . 2 » »

A reporter. . 36 ^{l} » ^{s} » ^{d}

Report. . .   36[l] »[s] »[d]

Pour une clochette soixante sol, un sceau à l'eau bénite de 15 sols. Pour raccommoder la serrure de l'église huit sols. Pour laver le linge d'église onze sols. Pour de l'encens deux sols, et pour un fusil qui a esté perdu 15 sols. Cela fait   5   11   »

Pour du buy le jour des Rameaux de l'an 1660, quinze sols; un pain bénit le jour de Pasques, neuf sols; pour laver le linge d'église, douze sols; pour de l'encens, deux sols; pour des cloux trois sols; pour la façon de quelques cierges, trente-six sols   3   17   »

Pour laver le linge d'église, 17 sols; pour le travail de Pierre Capar aux fons, à la porte, à la chère et au clocher, quatre livres dix sols; pour les ferrures de trois vitres neuf livres, et pour la façon de plusieurs cierges à Pasques de l'an 1661, quatre livres 15 sols   19   2   »

Pour laver le linge d'église, 12 sols; pour 48 pieds de cierges pour mettre aux vitres, quarante-huit sols, et pour un fusil de dix sols; pour 15 . . . . . afin d'attacher les cierges, 30 sols; pour des cloux et de l'encens à plusieurs fois, dix sols. Cela fait   5   10   »

La dépense de cette paye se monte à 70 livres, j'ay . . . .   70[l] »[s] »[d]

Pour faire ensemencer trois mancaults de terre que

tenait François Morcrette, appartenant au curé et à l'église, il a paié à Isaïe Defrance, deux septiers de blé de six livres. Et pour le labour desdits trois mancauts, attendu que ledit Defrance ne l'a point poursuivy tout seul entièrement, on a convenu avec luy de huit livres, ledit marguillier a desboursé cette somme attendu que la veufve a quitté le susdit marché de terre labourable et l'ont planté en bois, es-mains du curé et marguillier. C'est pourquoy il sera dépouillé à leur proufit. Ce qui fait   14^l   »^s   »^d

Pour certains frais de justice qu'il a fait contre laditte veufve de François Morcrette, il a desboursé 19 sols. Et pour ceux qu'il a faits contre Quentin Morcrette et Charles Lamiroy, vingt-cinq sols, ce qui fait   2   4   »

Pour les frais de justice qu'il a convenu faire contre Nicolas Achez, ainsy qu'il est porté par sentence de M. le Pruvot roial de Saint-Quentin, il a desboursé la somme de vingt-trois livres dix-huit sols six deniers, j'ay   23   18   6

Somme totale de toute la despence de ces deux dernières pages, cent-dix livres deux sols six deniers; ce qui fait que Charles Halu demeure redevable de soixante-six livres seize sols, attendu qu'on ne lui a pas alloué 44 livres que luy doit Nicolas Achez, et dix-huit livres à Isaïe Defrance, qu'il doit par proumesse du vingt-neuf mars mil six cent soixante et un, avec quatre livres seize sols qui luy sont deus pour même recette de sa dernière année.

S'ensuit présentement ce que Jérémie Lenain a reçeu dans Attilly, prouvenant de terres labourables, appartenant à laditte église de Misery-en-Carnois :

D'Estienne Payen, laboureur, demeurant à Attilly, auquel il a esté fait bail pour un terme de neuf ans, le treisième jour de janvier 1653, de la quantité de 24 septiers de terre labourable, séant au terroir dudit Attilly, à la redevance de 26 septiers de blé pour le curé et l'église, le tout conduit à Saint-Quentin, au jour de saint Remy, sans diminution. Toutefois, à cause de la perte qu'il a souffert par les gens de guerre, le curé et les paroissiens luy ont diminué 8 septiers. Ce qui fait qu'il ne reste plus que 18 septiers, savoir 9 septiers pour la part du curé, et neuf septiers pour la part de l'église, lesquels aiant été vendus à l'issue de la messe paroissiale, le tout l'un portant l'autre, à raison de trente-sept sols le septier, ce qui fait en tout 16 livres 13 sols, j'ay.   16 ˡ 13 ˢ » ᵈ

Et pour la seconde année, huict septiers et demy avec un tiers de mancaut, le tout à raison de 61 sols. Ce qui fait en tout la somme de vingt-six livres huict sols huict deniers. C'est pourquoy j'ay. . .   26   8   8

De Jean Achez, laboureur, demeurant à Attilly, lequel tient sans aucun bail six septiers et demy de terre labourable, séant au terroir dudit Attilly, desquels on a tousjours rendu huict septiers de blé pour le curé et l'église. Toutefois, à cause des pertes qu'il a souffert, les curé et paroissiens l'ont quitté pour 4 septiers dont il en appartient deux au curé et autant à l'église, lequel bled aiant été vendu à raison de 36 sols le septier. Ce qui fait trois livres douze sols. J'ay pour l'église .   3   12   »
et pour la seconde année, deux septiers à

A reporter. .   46 ˡ 13 ˢ 8 ᵈ

Report. . 46 ^l^ 13 ^s^ 8 ^d^

61 sols, ce qui fait six livres deux sols,
j'ay . . . . 6 2 »

De Pierre Achez, demeurant à Attilly,
auquel a esté fait bail pour un terme de
neuf ans, le 13 janvier 1653, de la quantité de cent verges de terre labourable,
séant au terroir dudit Attilly, à la redevance de trois septiers de blé, dont il lui
a esté fait un tiers de diminution, ce qui
fait qu'il ne reste que un septier pour
l'église, à raison de trente-sept sols le
septier, j'ay . . . . 1 17 »
et pour la seconde année, un septier de
61 sols, j'ay . . . . 3 1 »

D'Antoine Roch, demeurant à Bieuvois, lequel tient sans aucun bail deux
septiers de terre labourable, séant au
terroir dudit Bieuvois, desquels on a tousjours receu deux septiers de blé, sans
diminution, pour le curé et l'église. C'est
pourquoy le septier d'église et celuy de
la seconde année, avec un mancaut d'ar-
riérage pour l'année de Louis Ancelet, le
tout apprétier à 50 sols le septier, cela
fait en tout pour la part de l'église, six
livres cinq sols, j'ay . . . . . . 6 5 »

Somme de cette présente page, soixante-
trois livres 18 sols 8 deniers, j'ay . . . 63 ^l^ 18 ^s^ 8 ^d^

De Laurent de la Castelle il a receu au lieu de Chris-
toffle Huerillon et Jacque Baudou, pour le héritage qu'il
tient, pour les deux années 20 sols, j'ay. 1 ^l^ » ^s^ » ^d^

Report. . 1^l »^s »^d

Dudit Laurent de la Castelle, pour l'obit de Nicolas Lepreux ou de Pierre Rifaut, dix sols pour chacun an, sçavoir huict sols pour le curé et deux sols pour l'église. Pour les deux années receu . . 1 » »

De Antoine du Pressoir au lieu de Jacob Cliquet, 4 sols pour le curé et autant pour l'église, pour deux années 8 sols, j'ay . . . . » 6 »

Du pourchat du cierge bénit, il a receu 23 sols et quatre deniers, j'ay 1 3 4

Somme totale de la recepte de Jérémie Lenain . . . . 67^l 17^s 4^d

Ensuite ce qu'il a desboursé pour ses deux années qu'il a esté marguillier :

Premièrement, pour faire raccomoder le cierge bénit et pour les ténèbres de sa première année, trente-quatre sols, j'ay . . . . 1^l 14^s »^d

Pour un laudier à mettre les ornements d'église . . . . 2 10 »

Dans la seconde année pour deux. . . . et 3 pour. . . . . il a desboursé 4 livres 13 sols, j'ay . . . . 4 13 »

Une ceinture pour l'aube d'église . . 1 5 »

Pour certaine advance deu, huict sols, j'ay . . . . » 8 »

Pour trois vitres de la nef de nostre église, vingt livres, j'ay . . . . . . 20 » »

Pour l'obit de Nicolas Lepreux ou de Pierre Rifaut, il a baillé au curé 16 sols

A reporter. . 30^l 10^s »^d

$$\textit{Report.} \quad . \qquad 30^{\text{l}} \quad 10^{\text{s}} \quad \text{»}^{\text{d}}$$

et 4 sols pour le clerq. Ce qui fait 20

sols, j'ay . . . . $\quad 1 \quad$ » $\quad$ »

Pour deux . . . . à deux messes. . . . $\quad \underline{1 \quad \text{»} \quad \text{»}}$

Somme de cette page. Il a déboursé . $\quad 32^{\text{l}} \; 10^{\text{s}} \quad \text{»}^{\text{d}}$

Ce quy fait que le présent marguillier reste redevable de 35 livres à l'église.

Ce présent compte ayant été publiquement leu et diligemment examiné par nous curé, marguilier et paroissiens de la dite église de Saint-Quentin Misery-en-Carnois nous avons trouvé premièrement que Charles Halu est redevable à nostre dite église de la somme de soixante-six livres seize sols, laquelle somme il s'oblige de paier à Antoine Béranger, nouveau marguillier, à la première demande qui lui en sera faite.

Et quant à Jérémie Lenain, il s'est trouvé redevable de la somme de trente-cinq livres qu'il promet paier à Alexandre Faïel, nouveau marguillier, à la première demande qui lui en sera faite. Suivant quoy nous avons aggréé lesdits comptes. En foy de quoy nous avons tous commissaires soussignés le dimanche dix-septième de juillet mil six cent soixante et un.

> Frère Claude Rohault. — Jérémy Lenain. — Charle Halu. — Claude Guerle. — Arnoul, maire. — Alexandre Faiel. — Marque de Louis Lohier. — Ezéchias Paien. — André Béranger. — Marque de Jean Coutte. — Marque de Louy de Villers. — François Letuppe.

Les curé et marguilliers ont alloué soixante sols à Charles Halu, et soixante sols à Jérémie Lenain, sçavoir 40 sols pour la présente année et signature du curé, autre

40 sols pour celle des paroissiens au présent compte, et autant pour les présents marguilliers Charles Halu et Jérémie Lenain. Fait en présence des susdits, les jour et an que dessus. — André BÉRANGER.

Nous soussignés, curé et marguilliers de l'église de Saint-Quentin Misery-en-Carnois, certifions avoir quitté la mise de trois mancauts de terre chargée en blé ou environ, à Claude Descaursans, marchand, demeurant au fauxbourg d'Isle de Saint-Quentin, et ce, pour demeurer quitte avec lui de ce que nous lui pouvons devoir de neuf septiers de blé de surcens deub à l'église de Saint-Eloy ; premièrement, un septier qui est deub audit Descaursans pour l'an mil six cent cinquante, et quatre septiers pour l'an mil six cent cinquante-cinq pour Esloy Ménoires, et quatre septiers pour l'année mil six cent cinquante-six, pour Louis Cordier, ainsi qu'il nous a fait paroistre par transport et aussi pour les frais et poursuitte qu'il a fait en justice contre nostre église sans préjudice de ceux qu'il a fait contre Isaïe Defrance, s'il trouve à propos. Ce que ledit Claude Descaursans a accepté, assistant au présent compte. Faict à Holnon, ce dix-septiesme juillet 1661.

Frère Claude ROHAULT.— Claude DESCAURSANS. — Charle HALU. — Jhérémy LENAIN. — André BÉRANGER.

Je soussigné, Alexandre Faïel, marguillier de Saint-Quentin Misery-en-Carnois, certifie avoir receu de Jhérémie Lenain, ancien marguillier, la somme de trente-deux livres pour la décharge du présent compte. Faict à Holnon, en présence de Monsieur nostre curé et d'Anthoine Béranger, présent marguillier, ce quatriesme décembre 1661.

Anthoine BÉRANGER. — Alexandre FAIEL. — Frère Claude ROHAULT.

Nicolas Achez doit à nostre église, pour l'année d'André Béranger :

Un septier de blé apprétier en justice à cinquante-neuf sols 6 deniers, j'ay . . . .   2^l 19^s 6^d

Pour la première année de Charle Halu, deux septiers de blé apprétier à quarante-deux sols trois deniers. Cela fait 4 livres 4 sols 6 deniers, j'ay   4   4   6

Pour la seconde année de Charle Halu, trois mancauts à 61 sols. Cela fait . .   4   11   6

Il doit pour l'obit de Jean Hutin, pour deux années, huit livres, j'ay   8   »   »

Pour la rente de sa maison, il doit pour cette dernière année 6 sols, j'ay. .   »   6   »

Il doit de surplus pour les frais de justice que Charle Halu a fait contre lui. .   23   18   6

Outre ce, il doit du moins pour 6 ans, deux tiers de septier de blé de surcens qui font quatre septiers de blé dont il doit descharge à l'église Saint-Eloy.

Il doit aussi pour l'an 1660, trois mancauts de blé au curé et pour l'obit de Jean Hutin, le marguillier doit pour deux ans, 3 livres au curé et 30 sols au clerq.

COMPTE PREMIER

Suivant les baux renouvelés depuis la publication de la paix, lequel a été rendu par Isaïe Defrance, laboureur, demeurant à Holnon, et Louis Bonnarlet, laboureur, demeurant à Attilly, es-mains de Théodore Lohier, et Philippe du Castel, nouveaux marguilliers, pardevant frère Claude Rohault, prestre et religieux profès de l'abbaye de Saint-Pierre-Selincourt, au diocèse d'Amiens, et depuis le

commencement de l'année mil six cent cinquante-sept,
curé de l'église paroissiale de Saint-Quentin en Misery-
Carnois, auquel ils ont faict le serment sur ce requis et
acoustumé en présence de plusieurs anciens marguilliers
et paroissiens dudit lieu, lesquels après les deux publications qui en ont été faictes au prosne, se sont transportés
au presbytère pour connoistre et allouer exprésement ce
que lesdits Defrance et Bonnarlet ont reçu prouvenant des
terres, rentes et pourchats de laditte église, et ce qu'ils
ont desboursé pour icelle, depuis le vingt-quatriesme de
juin mil six cent soixante-deux, jusqu'à pareil jour de
l'année mil six cent soixante-trois. — Qui est ordonné
pour rendre compte à l'advenir des biens de laditte église.

CHAPITRE PREMIER

Contenant ce que Isaïe Defrance a receu dans Holnon,
prouvenant de terres labourables et plantées en bois,
appartenant à laditte église, pour l'année escheu le premier jour d'octobre 1662.

ARTICLE PREMIER

De Paul Graux, manouvrier, demeurant à Holnon, auquel a esté faict bail pour un terme de neuf ans, le premier
jour de décembre mil six cent soixante et un, pardevant
Langelerie, notaire royal, de la quantité de sept septiers et
vingt verges de terres labourables, séant au terroir dudit
Holnon, à la charge d'en paier dès le commencement du
présent bail, ainsi qu'il a faict la somme de trente-trois
livres pour le vin et dix septiers de bled bon et loial, sain,
secq, net et bien vanné, mesure de Saint-Quentin, y rendu
et livré par chacun an, le jour de saint Remy, sans diminution, moitié au sieur curé, et l'autre moitié laquelle est

de cinq septiers à l'église, paiable au présent marguillier qui, les aiant vendus à l'issue de la messe paroissiale, le onziesme de mars dernier, à raison de cinquante-deux sols le septier, a reçeu au proufit de ladite église, la somme de treize livres, j'ay . . . . 13ˡ »ˢ

ARTICLE DEUXIESME

De Barthelemy Mortecrette, manouvrier, demeurant à Holnon, auquel a esté faict bail pour un terme de neuf ans, le premier jour de décembre mil six cent soixante et un, parde-vant Langelerie, notaire royal, de la quantité de trois septiers et vingt verges de terre labou-rable, séant au terroir dudit Holnon, à la charge d'en payer dès le commencement du présent bail, ainsi qu'il a faict la somme de six livres cinq sols pour le vin, et quatre septiers de blé bon et loial, sain, secq, net et bien vanné, mesure de Saint-Quentin, y rendue et livrée par chacun an, le jour de saint Remy, sans diminution, moitié au sieur curé et l'autre moitié laquelle est de deux septiers à l'église, paiable au sieur marguillier qui, les aiant vendus à l'issue de la messe paroissiale, le onziesme de mars dernier, à raison de cin-quante-deux sols le septier, a receu au proufit de ladite église, la somme de cinq livres quatre sols, ici 5 4

ARTICLE TROISIESME

De Claude de Guerle, laboureur, demeurant à Holnon, auquel a esté faict bail pour un

A reporter. . 18ˡ 4ᵉ

Report. . 18^l 4^s

terme de neuf ans, le premier jour de décembre 1660 et un, pardevant Langeleric,
notaire royal, de la quantité de deux mencaulds
de terre labourable, dont l'un est séant au
terroir dudit Holnon, et l'autre au terroir de
Faiel, à la charge d'en paier dès le commencement du présent bail ainsi qu'il a faict la
somme de six livres dix sols pour le vin, et trois
mencaulds de bled bon et loial, sain, secq, net
et bien vanné, mesure de Saint-Quentin, y
rendue et livrée par chacun an, le jour de saint
Remy, sans diminution, moitié au sieur curé
et l'autre moitié laquelle est de trois quarterons à l'église, paiable au présent marguillier
qui, les aiant vendus à l'issue de la messe
paroissiale, le onziesme de mars dernier, à
raison de cinquante-deux sols le septier, a
receu au profit de l'église, la somme de trente-
neuf sols. Ici. . . . . I 19

ARTICLE QUATRIESME

De François Letupe, bosquillon, demeurant
à Holnon, auquel il a esté faict bail pour un
terme de neuf ans, le douziesme jour de juillet
mil six cent soixante et un, a commencé d'en
jouir l'année suivante, de la quantité de quatre
septiers de terre labourable, séants au terroir
dudit Holnon, à la charge d'en paier dès le
commencement du présent bail ainsi qu'il l'a
faict, la somme de trente-trois livres pour le
vin, moitié au sieur curé, et l'autre moitié au

A reporter. . 20^l 3^s

marguillier pour la part de l'église. Comme aussi d'en paier par chacun an, le jour de saint Remy, au marguillier en charge de la paroisse de Saint-Eloy, au faubourg d'Isle, quatre septiers de bled, bon et loial, mesure de Saint-Quentin, sans diminution, avec un septier d'avoine et quinze deniers au seigneur de Faiel, afin d'acquitter ledit sieur curé et le marguillier de Holnon, du surcent qu'ils leur doivent pour toutes les terres susdittes à quoi ledit preneur a satisfait pour le terme eschu le jour de saint Remy dernier, ainsi qu'il appert par leur quittance.

ARTICLE CINQUIESME

De Nicolas Achez, laboureur, demeurant à Holnon, lequel comme fermier de terres de surcent des héritiers de maistre Sébastien Diré, séantes audit Holnon, doit par chacun an, le jour de saint Remy, quatre septiers et un tiers de septier de bled de surcent, bon et loial, mesure de Saint-Quentin, paiable au présent marguillier de laditte église, à la charge d'y faire chanter annuellement un obit consistant en vigile à trois leçons, petite commandace et haulte messe à l'intention de damoiselle Jeanne Diré, femme de maistre Jean de Burcour, le vingt-septiesme d'avril, jour de son décès, qui advint l'an mil six cent dix, en paiant pour ce service un septier de bled au sieur curé et un tiers de septier au clerc, ainsi qu'il a faict au

Report. . 20^l 3^s

jour de saint Remy dernier. C'est pourquoi il
ne reste plus que trois septiers de bled, lesquels aiant été par lui vendus à l'issue de la
messe paroissiale, à raison de cinquante-deux
sols le septier, il a receu au profit de l'église
la somme de sept livres seize sols, j'ai. . . 7 16

ARTICLE SIXIESME

De Crespin Vuillot, manouvrier, demeurant à Holnon, auquel a esté faict bail pour
un terme de neuf ans, le premier jour de
décembre mil six cent soixante et un, pardevant Langelerie, notaire royal, de la quantité
de deux pièces de terre labourable, séant au
terroir dudit Holnon, dont l'une est de cinquante verges, et l'autre de trente, à la charge
d'en paier par chacun an le jour de saint Remy
sans diminution, la somme de quatre livres
cinq sols, es mains du présent marguillier de
la ditte église, à condition d'y faire chanter
annuellement un obit consistant en vigile à
trois leçons, petite commandace et hautte
messe à l'intention de deffunt Jean Hutin, fermier de la cense de La Chapelle, le septiesme
de juin, jour de son décès, qui advint environ
l'an mil six cent quarante, en paiant pour ce
service trente sols audit sieur curé, et contre
la taxe ordinaire, quinze sols au clerc, ainsi
qu'il a faict le jour de saint Remy dernier.
C'est pourquoi il ne reste plus au profit de
l'église que la somme de 40 sols, j'ai . . . 2 »

A reporter. . 29^l 19^s

Report.   .   29^l 19^s

ARTICLE SEPTIESME

De Anne Barbet, veufve de Claude Boucly, manouvrier, demeurant à Holnon, à laquelle a esté faict bail pour un terme de neuf ans, pardevant Langelerie, notaire royal, d'une pièce de terre labourable contenant un septier, séante au terroir de Faiel, à la charge d'en paier dès le commencement du présent bail, ainsi qu'elle a faict la somme de neuf livres pour le vin, et trois mencaulds de blé, bon et loial, sain, secq, net et bien vanné, mesure de Saint-Quentin, y rendu et livré par chacun an, le jour de saint Remy, sans diminution, au profit de l'église, sans aucune charge, le tout paiable au présent marguillier qui, les aiant vendus à l'issue de la messe paroissiale, le onziesme de mars dernier, à raison de cinquante-deux sols le septier, il a receu la somme de trois livres 18 sols, j'ai   3   18

ARTICLE HUITIESME

De Pierre Capar, manouvrier, demeurant à Holnon, et de laditte vefve de Claude Boucly. lesquels pour un héritage contenant trois mancaulds de terre labourable, séant audit Holnon, tenant d'une lisière le long du presbytère, d'autre lisière à Jean Hutin et à Claude Ancelet, pardevant sur rue, et parderrière au jardin d'Estienne Beauvais, doivent solidairement par chacun an (ainsi qu'il est porté aux comptes

A reporter.   .   33^l 17^s

Report. . 33^l 17^s

de laditte église, dès l'année mil cinq cent
soixante-quatre, sous le nom de Jean Dessaulx)
deux septiers de bled de surcent, bon et loial,
au jour de saint Remy, avec une rente de huict
sols au profit de l'église, sans aucune charge,
le tout paiable au présent marguillier qui, les
ayant vendus à l'issue de la messe paroissiale,
le onziesme de mars dernier, à raison de cinquante-deux sols le septier, a receu (comprenant la rente susditte) la somme de cinq livres
douze sols. Ici 5   12

ARTICLE NEUFIESME

De André Bérenger, laboureur, demeurant à
Holnon, auquel a esté faict bail pour un terme
de neuf ans le premier jour de décembre
mil six cent soixante et un, pardevant Langelerie, notaire royal, de la quantité de deux
septiers et vingt verges de terre plantés en
bois, proche du cimetière, scavoir une pièce
nommée le Champ de l'Eglise, contenant un
septier de terre, et une autre pièce nommée le
Bois de la Fontaine, contenant cent verges,
à la redevance de six livres cinq sols par chacun
an, au profit de l'église, sans aucune charge,
le tout paiable au présent marguillier, qui a
receu pour l'année escheu au jour de saint Remy
dernier, la somme de six livres cinq sols. Ici . 6   5

ARTICLE DIXIESME

De Louis de Villers, bosquillon, demeurant

A reporter. . 45^l 14^s

Report. . 45 ^{1} 14 ^{s}

à Holnon auquel a esté faict bail pour un terme
de neuf ans, le quinziesme jour de décembre
mil six cent soixante et un, de la quantité de
trois septiers moins vingt verges de terre plantée en bois, divisés en trois pièces, séants au
terroir dudit Holnon, à la charge de livrer
douze gros mays quatre fois l'année dans laditte
église, savoir la veille de l'élévation de saint
Quentin, de l'Ascension de nostre Seigneur, de
la Pentecoste et du Saint-Sacrement, comme
aussi d'en paier par chacun an la somme de six
livres six sols, moitié audit sieur curé et l'autre moitié à l'église, paiable au présent mar-
guiller qui a receu pour l'année escheu au
jour de saint Remy dernier la somme de trois
livres trois sols. Ici. 3   3

ARTICLE ONZIESME

De Jean de France, bosquillon, demeurant
à Holnon, auquel a esté faict bail pour un
terme de neuf ans, le quinziesme jour de décembre mil six cent soixante et un, de la quantité de cent verges deffrichées et plantées en
bois, séantes au terroir dudit Holnon, proche
du Champ Lovial, à la charge de livrer douze
gros mays trois fois l'année, sçavoir la veille
de la nativité saint Jean-Baptiste, de l'assomp-
tion Nostre-Dame, et de la dédicace qui eschoit le quatriesme dimanche du mois d'aoust,
comme aussi d'en paier par chacun an la
somme de cinquante-quatre sols, moitié au

A reporter. . 48 ^{1} 17 ^{s}

Report.   .   48 ^l 17 ^s

sieur curé et l'autre moitié à l'église, paiable au présent marguillier, qui a receu pour l'année escheu au jour de saint Remy dernier, la somme de vingt-sept sols. Ici   1   7

ARTICLE DOUZIESME

De la sablonnière, laquelle contient trois mencaulds de terre séante au terroir d'Holnon, tenant d'une lisière à Jean Couste, d'autre lisière à Pasquier Couste, d'un bout aux héritiers de maistre Sébastien Diré, et d'autre bout au bois des Pauvres de Saint-Quentin. Estant maintenant sans bail, le sieur curé et l'église auxquels elle appartient par moitié, n'en ont reçeu aucun argent le jour de saint Remy dernier, aiant été donnée par le sieur curé et le présent marguillier au clerc de laditte église pour en faire son profit jusqu'au vingt-quatriesme de juin de cette présente année mil six cent soixante-trois.

La recepte du premier chapitre est de cinquante livres quatre sols. Ici . . . . . .   50 ^l   4 ^s

CHAPITRE DEUXIESME

Contenant ce que Isaïe Defrance a reçu de cens et rentes de plusieurs maisons, lieu et héritage du terroir de Holnon, au profit de laditte église pour le terme eschue le premier jour d'octobre mil six cent soixante-deux.

ARTICLE PREMIER

De honorable homme Charle de Folleville, seigneur

de Manencourt, d'Holnon et d'autres lieux, lequel pour une pièce de terre plantée en bois, nommée le Seiot, séante au terroir de Holnon, contenant environ trois mancaults, tenant d'une lisière et d'un bout audit seigneur de Holnon, d'autres lisières aux héritiers maistre Sébastien Diré, et d'autre bout aux héritiers Pierre Tardieu, doit par chacun an le jour de saint Remy, au lieu de Jean Julien, quinze sols, payables au présent marguillier de laditte église qui les a receu par les mains de Jacques Grauet, manouvrier, demeurant à Holnon, à la charge d'y faire célébrer annuellement un obit consistant en une basse messe, à l'intention de deffunct Bertrand Faiserel, le vingt-huitiesme d'août, jour de son décès, qui advint l'an mil cinq cent quatre-vingt et cinq, en paiant pour ce service six sols au sieur curé et deux sols au clerc, ainsi qu'il a faict le jour de saint Remy. C'est pourquoi il ne reste plus au profit de l'église que sept sols. Ici . . .   » ¹ 7 ˢ

ARTICLE DEUXIESME

De Théodore Lohier, manouvrier, demeurant à Holnon, lequel pour sa maison, lieu et héritage, séants audit Holnon, tenant d'une lisière à Louis Devillers, d'autre lisière à Pasquier Couste, pardevant sur rue et parderrière aux terres labourables, doit par chacun an le jour de saint Remy vingt sols, paiables au présent marguillier de laditte église, à la charge d'y faire chanter annuellement un obit consistant en une haute messe à l'intention de deffunct Honoré Delattre, le vingt-deuxiesme de décembre, jour de son décès, qui advint l'an mil six cent quarante et un, en paiant pour ce

A reporter. .   » ¹ 7 ˢ

Report. .   »^l 7^s

service douze souls au sieur curé, ainsi qu'il
a faict le jour de saint Remy dernier, et six
sols au clerc, comme il est porté au testament
dudit Delattre, contraire en ce point (aussi
bien que celui du susdit Jean Hutin, son beau-
fils),au taxe de Monseigneur de Noyon, et la
coustume immémoriale de cette paroisse, qui
veulent que le clerc n'aye pour ses droits que
le tiers d'autant qu'a ledit sieur curé, ou le
quart de ce qu'il pouroit avoir conjointement
avec lui. C'est pourquoi il ne reste plus au
profit de l'église que deux sols. Ici . . . .   »   2

ARTICLE TROISIESME

De Pierre Fera, manouvrier, demeurant à
Holnon, lequel pour sa maison, lieu et héritage
séants audit Holnon, tenant d'une lisière au
chemin du roy, qui conduit de Saint-Quentin
à l'abbaye de Vermand, d'autre lisière au jardin
Jacob qui appartient aux pauvres de la ville de
Saint-Quentin, pardevant sur la rue qui conduit à Fayel, et parderrière estant en pointe
aux terres labourables, doit par chacun an, le
jour de saint Remy quatorze sols, paiables au
présent marguillier de laditte église, à la charge
d'y faire chanter annuellement un obit consistant en une basse messe, à l'intention de
deffunct Magdelaine Dupré, femme de Valentin
Lambert, le mardi des Rogations, jour de son
décès, qui advint environ l'an mil six cent
cinq. En paiant pour ce service neuf sols au

A reporter. .   »^l 9^s

Report. .   »^l 9^s

sieur curé et trois sols au clerc, ainsi qu'il a
faict le jour de saint Remy dernier. C'est pourquoi il ne reste plus au profit de l'église que
2 sols. Ici . . . .   » 2

ARTICLE QUATRIESME

De François Graux, bosquillon, demeurant
à Holnon, lequel pour sa maison, lieu et
héritage, séants audit Holnon ou estoit ancien-
nement le moulin à Guelde ou à Vuayde,
tenant d'une lisière à Nicolas Morcrette,
d'autre lisière à André Bérenger, pardevant sur
le grand chemin qui conduit de Saint-Quentin
à Marteville, et parderrière aux terres labourables, doit par chacun an le jour de saint
Remy, sans aucune charge, ainsi qu'il a esté
porté aux comptes de laditte église dès l'année
mil cinq cent soixante, sous le nom de
Quentin Le Mirhe, vingt-quatre sols de cens
et rente dont il en appartient la moitié au
sieur curé et l'autre moitié à l'église. C'est
pourquoi il a receu pour icelle au jour de
saint Remy dernier, la somme de 12 sols. Ici.   » 12

ARTICLE CINQUIESME

De Quentin Mortecrette et Charles Namiroy,
manouvriers, demeurant à Holnon, lesquels
pour leur maison, lieu et héritages, séants audit
Holnon, tenant d'une lisière à Paul Graux,
d'autre lisière audit Quentin Mortecrette, pardevant sur le grand chemin qui conduit de

A reporter. .   1^l 3^s

Report. .   1^l   3^s

Saint-Quentin à Marteville, et parderrière aux terres labourables, doit par chacun an le jour de saint Remy, sans aucune charge, ainsi qu'il est porté aux comptes de laditte église, dès l'année mil six cent dix, sous le nom de Antoine Deguerle, quatorze sols de cens et rente dont il en appartient la moitié au sieur curé et l'autre moitié à l'église. C'est pourquoi il a receu pour icelle au jour de saint Remy dernier, la somme de sept sols. Ici . . . . .   »   7

ARTICLE SIXIESME

De Nicolas Hachez, laboureur, demeurant à Holnon, lequel pour sa maison, lieu et héritage, séants audit Holnon, tenant d'une lisière aux héritiers de deffunct Honoré Delattre, d'autre lisière à la vefve de François Fulaine, pardevant sur la rue qui conduit à Faiel, et parderrière aux terres labourables, doit par chacun an le jour de saint Remy dix sols, ainsi qu'il est porté aux comptes de laditte église de l'année mil cinq cent soixante, sçavoir sous le nom de Jean Hutin, trois sols au curé et un sol au clerc, que ledit Hachez a paié au pourchat des Trépassés, pour l'obit des parents et amis dudit Jean Hutin avec deux sols pour le luminaire qu'il a paié au présent marguillier. Et sous le nom de Margueritte Constant, quatre sols au profit de l'église pour une voierie qui estoit derrière le susdit héritage. C'est pourquoi il a receu au jour de saint Remy dernier 6 sols. Ici . . . .   »   6

A reporter. .   1^l   16^s

Report. .   1^l 16^s

ARTICLE SEPTIESME

De François Graux, bosquillon demeurant à Holnon, lequel pour un mencauld de terre labourable séant au Poncelet et terroir dudit Holnon, tenant d'une lisière sur la voie de l'église, d'autre lisière aux héritiers de maistre Sébastien Diré, d'un bout à André Bérenger et d'autre bout aux héritiers de François Hachez, doit par chacun an le jour de saint Remy, ainsi qu'il est porté aux comptes de laditte église dès l'année mil cinq cent soixante, sous le nom de Pierre Hutin pour un obit par lui fondé, scavoir trois sols au sieur curé et un sol au clerc, que ledit Graux a payé au pourchat des trépassés et pour le luminaire, il a payé au jour de saint Remy dernier, es-mains du présent marguillier, au profit de l'église un sol. Ici . . . .   »   1

ARTICLE HUITIESME

De François de Beauvais, bosquillon, demeurant à Holnon, lequel pour sa maison, lieu et héritage séant audit Holnon, tenant d'une lisière à Jean Graux, d'autre lisière à François Billy, pardevant sur la rue qui conduit à Faiel, et parderrière aux terres labourables, doit par chacun an le jour de saint Remy sans aucune charge, ainsi qu'il est porté aux comptes de laditte église dès l'année mil cinq cent quatre-vingt, sous le nom de Guillaume Marchandise,

A reporter. .   1^l 17^s

3

Report . . 1^l 17^s

deux sols de cens et rente paiables au présent marguillier qui a receu au profit de l’église au jour de saint Remy dernier deux sols. Icy . » 2

ARTICLE NEUFIESME

De Françoise Poitevin, vefve de François Fulaine, laboureur, demeurant à Holnon, laquelle pour un septier de terre planté en bois, séant au terroir dudit Holnon, tenant d’une lisière et d’un bout à laditte vefve, d’autre lisière au bois de l’abbaye de Vermand, et d’autre bout sur la voie de l’église, doit par chacun an le jour de saint Remy, ainsi qu’il est porté aux comptes de laditte église, dès l’année mil six cent huit, sous le nom de Jean Du Caisne, un sol de cens et rente paiable au présent marguillier qui a receu au profit de l’église, au jour de saint Remy dernier, un sol. Ici . . . . » 1

La recepte du deuxiesme chapitre est de quarante sols. Ici . . . . 2 »

CHAPITRE TROISIÈME

Contenant ce que Isaïe de France a pourchassé et ce qu’il a receu d’extraordinaire au profit de ladite église, depuis le vingt-quatriesme de juin mil six cent soixante-deux jusqu’à pareil jour de l’année 1663.

ARTICLE PREMIER

Depuis le jour de saint Jean-Baptiste exclusivement jusqu’au premier dimanche du mois d’aoust inclusivement,

il a receu du pourcha de laditte église la somme de douze
sols. Ici . . . .   » [1] 12 [s]

ARTICLE DEUXIESME

Depuis le premier dimanche du mois d'aoust
exclusivement jusqu'au jour de la dédicace inclusivement, il a receu du pourchat de laditte
église, pendant la messe paroissiale, la somme
de vingt sols. Icy   I   »

ARTICLE TROISIESME

Depuis le jour de la dédicace exclusivement
jusqu'au premier dimanche d'octobre inclusivement, il a receu du pourchat de laditte
église pendant la messe paroissiale la somme
de neuf sols. Ici. . . . .   »   9

ARTICLE QUATRIESME

Depuis le premier dimanche d'octobre exclusivement jusqu'au jour de la Toussaint inclusivement, il a receu du pourchat de laditte
église pendant la messe paroissiale la somme
de 16 sols. Ici . . . .   »   16

ARTICLE CINQUIESME

Depuis le jour de la Toussaint exclusivement jusqu'au jour de saint Esloy inclusivement,
le présent marguillier a receu du pourchat de
laditte église pendant la messe paroissiale la
somme de quatorze sols. Ici . . . . . .   »   14

A reporter. .   3 [1] 11 [s]

Report. .   3^l 11^s

ARTICLE SIXIESME

Depuis le jour de saint Esloy exclusivement jusqu'au premier jour de l'an inclusivement, le présent marguillier a receu du pourchat de laditte église pendant la messe paroissiale la somme de vingt et un sols. Ici   1   1

ARTICLE SEPTIESME

Depuis le premier jour de l'an exclusivement jusqu'au jour de la Chandeleur inclusivement, le présent marguillier a receu du pourchat de laditte église, pendant la messe paroissiale, la somme de treize sols. Ici. . . . . . .   »   13

ARTICLE HUITIESME

Depuis le jour de la Chandeleur exclusivement jusqu'au premier dimanche de Caresme inclusivement, le présent marguillier a receu du pourchat de laditte église, pendant la messe paroissiale, la somme de huit sols. Ici. . .   »   8

ARTICLE NEUFIESME

Depuis le premier dimanche de Caresme exclusivement jusqu'au jour des Rameaux inclusivement, le présent marguillier a receu du pourchat de laditte église, pendant la messe paroissiale, la somme de quinze sols. Ici . .   »   15

ARTICLE DIXIESME

Depuis le jour des Rameaux exclusivement

A reporter. .   6^l 8^s

Report. .   6 ^l   8 ^s

jusqu'au dimanche de Pasques close inclusivement, le présent marguillier a receu du pourchat de laditte église, pendant la messe paroissiale, la somme de vingt-trois sols. Ici.   .   .   ɪ   3

ARTICLE ONZIESME

Depuis le jour de Pasque close exclusivement
jusqu'au jour de l'Ascension inclusivement, le
présent marguillier a receu du pourchat de
laditte église, pendant la messe paroissiale,
la somme de onze sols. Ici .   .   .   .   .   .   »   ɪɪ

ARTICLE DOUZIESME

Depuis le jour de l'Ascension exclusivement
jusqu'au jour de saint Jean-Baptiste inclusivement, le présent marguillier a receu du pourchat de laditte église, pendant la messe paroissiale, la somme de dix-huit sols. Ici .   .   .   »   ɪ8

ARTICLE TREIZIESME

Du *Gay* que le présent marguillier a livré
selon l'ancienne coustume aux archers d'Holnon avec un prix pour celui qui l'a abattu le
cinquiesme dimanche du Caresme dernier, il a
receu au profit de l'église la somme de cinq
sols. Ici .   .   .   .   »   5

ARTICLE QUATORZIESME

Des images que le présent marguillier a livré
en mémoire du glorieux martir saint Quentin,
le quatriesme dimanche d'aoust jour de la

A reporter.   .   9 ^l   5 ^s

Report. . 9 ^l 5 ^s

dédicace de l'année dernière, il a receu au profit
de l'église la somme de quarante et un sols.
Ici 2   1

ARTICLE QUINZIESME

De Antoine Berenger, lequel aiant esté
marguillier de laditte église, lui estoit redevable de la somme de quatre livres dix sols,
ainsi qu'il est porté aux comptes de l'année
dernière, le présent marguillier a receu laditte
somme. C'est pourquoi j'ai 4   10

La recepte du troisiesme chapitre est de
quinze livres seize sols. Ici. 15   16

Toute la recepte d'Isaïe Defrance monte à
la somme de soixante-huict livres. Ici . . . 68^l   » ^s

CHAPITRE QUATRIESME

Contenant ce que Isaïe Defrance a desboursé pour les
mises ordinaires afin d'acquitter laditte église de ce qu'elle
devoit au jour de saint Remy dernier, en conséquence de
ce qu'il a receu pour icelle le mesme jour et an.

ARTICLE PREMIER

A Monsieur l'Archidiacre de Noyon a qui il est deub
cinquante sols pour ses droits de visite de l'année dernière, dont l'église en doit la moitié, et le sieur curé
l'autre. Item, au sieur doyen d'Athies pour ses droits de
chapitre trente sols dont l'église en doit aussi la moitié à
cause des saintes huilles. Il a paié par les mains dudit
sieur curé quarante sols. Ici 2   »

Report. . 2 [1] » ■

ARTICLE DEUXIESME

Au sieur curé pour le pain àcélébrer la messe et à communier les paroissiens, qu'il a fourni une année durant, il a paié pour le terme escheu au jour de saint Remy dernier, conformément au taxe de monseigneur de Noyon, en datte du vingt et un de mars mil six cent cinquante-huict, la somme de soixante sols. Ici . . . . 3 »

ARTICLE TROISIESME

Audit sieur curé pour le vin qu'il a fourni à célébrer la messe paroissiale des fêtes et dimanches et autres jours d'obligation. Il a paié pour l'année escheu au jour de saint Remy dernier, conformément au taxe de monseigneur de Noyon, en datte du 21 de mars mil six cent cinquante-huict, la somme de cent sols. Icy.   5   »

ARTICLE QUATRIESME

Audit sieur curé pour la rétribution de douze grandes messes qu'il a célébrées le premier mardi de chaque mois, en l'honneur de saint Quentin. Il a paié au jour de saint Remy dernier, conformément au taxe de monseigneur de Noyon, en datte du vingt-sixiesme de septembre mil six cent cinquante-cinq, la somme de six livres. Ici 6   »

A reporter. . 16 [1] » s

Report. . 16[1] » [s]

ARTICLE CINQUIESME

Au clerc de laditte église pour sa rétribution aux douze messes susdittes qu'il a aidé à chanter, il a paié pour l'année escheue au jour de saint Remy dernier, par les mains dudit sieur curé, conformément au taxe de mondit seigneur de Noyon, en datte du dixiesme février mil six cent cinquante-six, la somme de quarante sols. Ici   2   »

ARTICLE SIXIESME

Au sieur Claude Lequeux, libraire, pour quatre cents d'images qu'il a livrées l'année dernière pour les paroissiens de laditte église en mémoire du glorieux martir saint Quentin au jour de la dédicace, laquelle eschoit tousjours le quatriesme dimanche qui est dans le mois d'aoust. Il a paié ainsi qu'il appert par sa quittance la somme de quarante sols. Ici.   2   »

ARTICLE SEPTIESME

Au sieur curé à qui il est deub pour ses droits d'assistance au présent compte vingt sols, et pour sa signature au susdit compte vingt sols. Item aux anciens marguilliers et paroissiens pour semblables droits quarante sols, et pour les vacations des susdits Defrance et Bonnarlet, quarante sols. Il a paié la somme de six livres. C'est pourquoi ici. . .   6   »

A reporter. . 26[1] » [s]

Report. . 26 [l] » [s]

ARTICLE HUITIESME

Audit sieur curé à qui il est deub soixante sols pour avoir escrit et dressé le présent compte des deux susdits marguilliers, suivant les anciens comptes de laditte église, qui ont été rendus dès l'année mil cinq cent soixante, et pour en livrer deux extraits es mains des nouveaux marguilliers, vingt sols. Il a paié la somme de quatre livres. Ici . . . . 4 »

Les misses ordinaires du quatriesme chapitre sont de trente livres. Ici. . . . . . 30 [l] » [s]

CHAPITRE CINQUIESME

Contenant ce que Isaïe Defrance a desboursé pour une partie des misses extraordinaires, afin d'acquitter laditte église de ce qu'elle devoit pour l'année qu'il a esté marguillier, en conséquence de ce qu'il a receu le jour de saint Remy dernier.

ARTICLE PREMIER

Au clerc de laditte église à qui il est deub quatre septiers de bled par chacun an pour ses gages, à condition d'enseigner gratuitement les pauvres enfants de la paroisse. Attendu qu'il en a receu un septier par advance du précédent marguillier, il ne lui en a livré que trois apprétié le onziesme de mars dernier à cinquante-deux sols, qui forment sept livres seize sols. Ici. . . . . 7 [l] 16 [s]

ARTICLE DEUXIESME

Au sieur Nicolas Regnier, cirier, pour la façon du cierge bénit pesant six livres et pour

Report. .   7^l 16^s

douze ténébriaux pesant en tout une livre et demie, il a paié trente sols. Item pour une livre d'encens huict sols, et pour des allumettes deux sols. Ce qu'il faict qu'il a paié ainsi qu'il appert par sa quittance, la somme de quarante sols. C'est pourquoy ici   2   »

ARTICLE TROISIESME

Audit sieur Regnier pour la façon de huict livres de vieille cire qu'il a raccommodé, à raison de quatre sols la livre, et pour une livre de cire neufe de trente-deux sols qu'il y a meslé. Item pour deux pots de vin à quinze sols qu'il a faict livrer le jour de Pasques dernier pour les communiants, il a paié ainsi qu'il appert par sa quittance.   4   14

ARTICLE QUATRIESME

A Remy Diencourt, tailleur, pour des ornements qu'il a raccommodés et pour avoir fourni ce qu'il falloit pour iceux dix-sept sols. Item pour deux ralonges de fer blanc, servant à deux grands cierges, avec deux pieds de bois pour iceux et un esteindoir à chandelles, vingt-six sols. Il a paié ainsi qu'il appert par sa quittance   2   3

ARTICLE CINQUIESME

A Pierre Capar, maréchal d'Holnon, pour avoir travaillé au clocher de laditte église, et fourni ce qui estoit nécessaire pour le soustien

A reporter. .   16^l 13^s

Report. .   16¹ 13ˢ

de la cloche, quinze sols. Item pour un chandelier de fer qu'il a faict pour la chapelle de la Vierge, douze sols. C'est pourquoi le présent marguillier a paié ainsi qu'il appert par sa quitance, vingt-sept sols. Ici   1   7

ARTICLE SIXIESME

A Jean le Vent, maistre charpentier, demeurant à Saint-Quentin, pour un chassy de bois qu'il a livré l'année dernière pour la petite porte de laditte église, cents sols. Item à une autre personne pour une grande hotte carrée pour porter et rapporter les ornements de l'église tous les jours notaux, vingt sols. Il a paié ainsi qu'il appert par leurs quittances six livres. Ici   6   »

ARTICLE SEPTIESME

Audit sieur Regnier, pour les rognures de pain à chanter qu'il a fourny le jour de Pasques dernier, pour distribuer estant benits aux enfants qui n'avoient pas encore communiéz, dix sols. Item pour le buy qu'il a faict livrer le jour des Rameaux, dix sols. C'est pourquoi le présent marguillier a paié ainsi qu'il appert par sa quittance, vingt sols. Ici   1   »

ARTICLE HUITIESME

A une blanchisseuse de Saint-Quentin pour avoir lavé plusieurs fois l'année tout le linge de laditte église, soixante sols. Item à une

A reporter. .   25¹ »ˢ

Report. . 25 [1] » •

autre personne pour avoir lavé et empesé les
corporeaux et les purificatoires jusqu'au jour
de saint Remy dernier, vingt sols. C'est pourquoi il a paié ainsi qu'il appert par leurs
quittances, la somme de quatre livres. Ici. . 4 »

Les misses extraordinaires du cinquiesme
chapitre sont de vingt-neuf livres. Ici . . . 29 »

Toutes les misses d'Isaïe Defrance se montent à la somme de cinquante-neuf livres. Ici. 59 »

CHAPITRE SIXIESME

Contenant ce que Louis Bonvarlet a receu dans Attilly
provenant de terres labourables appartenant à laditte
église, pour le terme escheu le premier jour d'octobre mil
six cent soixante-deux.

ARTICLE PREMIER

De Victorice-Paien-Philippe du Castel et Antoine Fou-
quet, preneurs solidaires, demeurant à Attilly, ausquel a
esté faict bail pour un terme de neuf ans, le dixiesme
jour de décembre mil six cent soixante et un, pardevant
Langelerie, notaire royal, de la quantité de vingt-quatre
septiers de terres labourables, séants au terroir dudit Attilly,
à la charge d'en paier dès le commencement du présent
bail, ainsi qu'ils ont faict, la somme de trente-sept livres
pour le vin, et vingt-huict septiers de bled bon et loial,
sain, secq, net et bien vanné, mesure de Saint-Quentin,
y rendus et livrés par chacun an le jour de saint Remy,
sans diminution, moitié au sieur curé et l'autre moitié,
laquelle est de quatorze septiers, à l'église, paiable au
présent marguillier qui les aiant vendus à l'issue de la

messe paroissiale, le onziesme de mars dernier, à raison
de cinquante-deux sols le septier, a receu au profit de laditte
église, comprenant aussi les deux septiers qu'ils devoient
d'arrérages pour l'année mil six cent soixante et un, durant
laquelle Alexandre Fay estoit marguillier, la somme de
quarante et une livres douze sols. Ici .   .   . 41^l 12^s

ARTICLE DEUXIESME

De Jean Hachez, laboureur, demeurant à
Attilly, auquel a esté faict bail, pour un terme
de neuf ans, le dixiesme jour de décembre mil
six cent soixante et un, pardevant Langelerie,
notaire royal, de la quantité de six septiers et
demi de terres labourables, séants au terroir
dudit Attilly, à la charge d'en paier dès le
commencement du présent bail, ainsi qu'il a
faict, la somme de sept livres pour le vin, et
huict septiers de bled bon et loial, sain, secq,
net et bien vanné, mesure de Saint-Quentin,
y rendus et livrés par chacun an le jour de
saint Remy, sans diminution, moitié au sieur
curé et l'autre moitié, laquelle est de quatre
septiers, à l'église, paiables au présent marguillier, qui les aiant vendus à l'issue de la
messe paroissiale, le onziesme de mars dernier,
à raison de cinquante-deux sols le septier, a
receu au profit de laditte église la somme de
dix livres huit sols   10   8

ARTICLE TROISIESME

De Pierre Hachez, manouvrier, demeurant
à Attilly, auquel a esté fait bail, pour un terme

A reporter. . 52^l $»^s$

Report. . . 52 ^l » ^s

de neuf ans, le dixiesme jour de décembre
mil six cent soixante et un, pardevant Langelerie, notaire royal, de la quantité de cent
verges de terre labourable, séant au terroir dudit Attilly, à la charge d'en paier dès le commencement du présent bail, ainsi qu'il l'a faict,
la somme de quatre livres pour le vin, et deux
septiers de bled, bon et loial, sain, secq, net
et bien vanné, mesure de Saint-Quentin, y
rendus et livrés par chacun an, le jour de
saint Remy, sans diminution, moitié au sieur
curé et l'autre moitié, laquelle est de un septier, à l'église, paiable au présent marguillier,
qui l'aiant vendu à l'issue de la messe paroissiale le onziesme de mars dernier, à raison de
cinquante-deux sols le septier, a receu au profit
de laditte église la somme de cinquante-deux
sols. Ici . . . . . . , , ...   2   12

ARTICLE QUATRIESME

De Antoine et Claude Roc, preneurs solidaires, demeurant à Beauvois, ausquels a esté
faict bail le deuxiesme jour du mois d'avril
dernier de la quantité de deux septiers de terre
labourable, séants au terroir dudit Beauvois,
pour en jouir ainsi que tous les autres fermiers
ci-dessus nommés, jusqu'à l'année mil six
cent soixante-dix inclusivement, à la charge
d'en paier dès le commencement du présent
bail, ainsi qu'ils ont faict, la somme de six
livres pour le vin, et deux septiers et demi de

A reporter. . 54 ^l 12 ^s

Report. . 54^l 12^s

bled, bon et loial, mesure de Saint-Quentin, y rendue et livrée par chacun an, le jour de saint Remy, sans diminution, moitié au sieur curé et l'autre moitié, laquelle est de cinq quarterons, à l'église, paiable au présent marguillier, qui les aiant vendus à l'issue de la messe paroissiale, lesdits jour et an que dessus, à raison de cinquante-deux sols le septier, a receu au profit de l'église à compte soixante sols pour le vin, la somme de six livres cinq sols. Ici 6 5

ARTICLE CINQUIESME

Dans le compte que Pasquier Graux de Holnon et Jean Namiroy d'Attilly ont rendu estant marguilliers de laditte église, il est à noter que le treiziesme de septembre mil six cent vingt-neuf, ils se sont transportés avec frère Blaise Anthy, curé d'icelle église, Georges Grauet, lieutenant de Holnon, et François Hénocque, lieutenant d'Attilly vers le seigneur de Caulaincourt, de qui lesdits Graux et Namiroy ont relevé les deux septiers de terre susdits, séants au terroir de Beauvois, à cause de sa seigneurie de Tombe, moiennant la quantité de seize pots de vin, modifiés à la somme de quatre livres pour ledit seigneur, autant pour ses officiers avec quatre livres dix sols pour les frais de deux saisies et lui ont baillé pour homme vivant et mouvant la personne de frère Blaise Anthy pour succéder à

A reporter. . 60^l 17^s

Report. .   60 ˡ 17 ˢ

Quentin Blondel, devant et depuis lequel temps il n'est faict aucune mension de pareil relief pour les deux septiers de terre susdits dans les comptes de laditte église qui se sont rendus depuis l'an 1560 jusqu'à présent.

La recepte du sixiesme chapitre est de soixante livres dix-sept sols. Ici   60   17

CHAPITRE SEPTIESME

Contenant ce que Louis Bonvarlet a receu de cens et rentes de plusieurs maisons, lieux et héritages d'Attilly, au profit de laditte église, pour le terme escheu le jour de saint Remy dernier avec ce qu'il a receu d'extraordinaire.

ARTICLE PREMIER

De honorable homme François Carpentier, seigneur de Villecholles et d'autres lieux, lequel pour une maison, lieu et héritage, séants audit Attilly, contenant environ soixante verges de terre, tenant d'une lisière et d'un bout à son jardin fruictier, avec lequel il a conjoinct le susdit héritage, d'autre lisière sur la grande rue, et d'autre bout faisant le coin de la ruelle qui conduit au Carnois, doit par chacun an, le jour de saint Remy, sans aucune charge, ainsi qu'il est porté aux comptes de laditte église dès l'année mil cinq cent soixante, sous le nom de Pierre Gosset et ensuitte de Christofle Hurillon, dix sols de cens et rente dont il en appartient la moitié au sieur curé et l'autre moitié à l'église. C'est pourquoi il a receu par les mains de Philippe Du Castel, au profit d'icelle, la somme de cinq sols. Ici . . . .   »   5

Report. .   »^l   5^s

ARTICLE DEUXIESME

De Philippe Ducastel, bosquillon, demeurant à Attilly, lequel pour une maison, lieu et héritage, séants audit Attilly, tenant d'une lisière à Jacques le Leux, d'autre lisière à la vefve d'Esloy Hutin, pardevant sur la grande rue et parderrière aux terres labourables, doit par chacun an, le jour de saint Remy, sans aucune charge, ainsi qu'il est porté aux comptes de laditte église, dès l'année mil cinq cent soixante, sous le nom de Léon Bardoulx, et ensuitte de Jacques Bardoulx, dix sols de cens et rente, dont il en appartient la moitié au sieur curé et l'autre moitié à l'église. C'est pourquoi il a receu au profit d'icelle, la somme de cinq sols. Ici. . . . .   »   5

ARTICLE TROISIESME

Des enfants de Barthelemy Hachez, héritiers de Catherine Cliquet, leur mère, lesquels pour une maison, lieu et héritage séant audit Attilly, tenant d'une lisière à François Vicaire, d'autre lisière à Jean Wallon, pardevant sur la Grande-Rue, et parderrière aux terres labourables, doit par chacun an, le jour de saint Remy, sans aucune charge, ainsi qu'il est porté aux comptes de laditte église, dès l'année mil cinq cent soixante, sous le nom d'Esloy Payen, et ensuitte de Jean Cliquet, huict sols de cens et rente, dont il en appartient la moitié au sieur

A reporter. .   »^l 10^s

Report. . »¹ 10ˢ

curé et l'autre moitié à l'église. C'est pourquoi
il a receu au profit d'icelle la somme de 4 sols.
Ici . . . . »   4

ARTICLE QUATRIESME

De Charle Hachez, manouvrier, demeurant à
Attilly, lequel pour une maison, lieu et héritage qu'il tient à loüage, séants audit Attilly,
tenant d'une lisière à Alexandre Fayet, d'autre
lisière à Vincent Du Castel, des deux bouts
sur les deux ruelles qui conduisent au Carnois,
doit par chacun an le jour de saint Remy,
comme il est porté aux comptes de laditte
église, dès l'année mil cinq cent soixante,
sous le nom de Julien Hachez, et ensuitte de
Crespin Riffart, dix sols paiables au présent
marguillier de laditte église, à la charge d'y
faire célébrer annuelement un obit consistant en
une basse messe, à l'intention de deffunct Nicolas
Lepreux, le mercredi des Rogations, en paiant
pour ce service six sols au sieur curé et deux
sols au clerc, ainsi qu'il a faict le jour de saint
Remy dernier. C'est pourquoi il ne reste plus
au profit de l'église que deux sols. Ici . . . »   2

ARTICLE CINQUIESME

De Alexandre Fayet, laboureur, demeurant
à Attilly, lequel aiant été marguillier de laditte
église, lui estoit redevable de la somme de
soixante-quinze livres, ainsi qu'il est porté aux

A reporter. . »¹ 16ˢ

Report. . »¹ 16¹

comptes qu'il a rendus l'année dernière, le présent marguillier a receu, le huitiesme d'octobre de la mesme année, laditte somme de soixante-quinze livres. Item pour le *Gay* qu'il a livré selon l'ancienne coustume aux archers d'Attilly. Avec un prix pour celui qui l'a abattu, le troisiesme dimanche de Caresme dernier. Il a receu au profit de laditte église deux sols et pour avoir pourchassé le cierge bénit pendant la grande messe depuis le premier dimanche de Caresme jusqu'au dimanche des Rameaux, il a receu cinq sols, ce qui faict que pour tout le présent article il a receu la somme de soixante-quinze livres sep sols. Ici. 75 7

La recepte du septiesme chapitre est de soixante-seize livres trois sols. Ici 76 3

Toute la recepte de Louis Bonvarlet monte à la somme de cent trente-sept livres . . . 137 »

CHAPITRE HUITIESME

Contenant ce que Louis Bonvarlet a desboursé pour des misses extraordinaires, afin d'acquitter laditte église de ce qu'elle devoit pour l'année qu'il a esté marguillier, en conséquence de ce qu'il a receu le jour de saint Remy dernier.

ARTICLE PREMIER

A Jean de Bonnaire, maistre masson, demeurant à Saint-Quentin, avec lequel le sieur curé et les paroissiens ont convenus de bailler la somme de treize livres dix sols que le présent marguillier a paié pour refaire la petite porte

de l'église qui estoit fondue, et raccommoder
plusieurs endroits des murailles, tant dedans
que dehors laditte église, et pour fournir aussi
la chaux, le sable et autres choses nécessaires
audit ouvrage. Item pour avoir ledit Debon-
naire, pavé et raccommodé la closture du
grand autel, lui a été paié selon qu'il estoit
convenu 4 livres dix sols, ce qui monte en
tout ainsi qu'il appert par sa quittance à la
somme de 18   »

ARTICLE DEUXIESME

Adrien Coffin, maistres menuisier, demeurant à Saint-Quentin, avec lequel le sieur curé
et les paroissiens ont convenu de bailler la
somme de dix livres pour faire la petite porte
de laditte église en la manière qu'elle est à
présent, comme aussi à Isaïe Faisserel, maistre serrurier, demeurant à Saint-Quentin, avec
lequel ledit sieur curé et les paroissiens ont
pareillement convenu de bailler la somme de
neuf livres pour avoir livré tout ce qui estoit
nécessaire provenant de son métier pour
laditte porte de l'église, ce qui faict qu'il a paié
en tout ainsi qu'il appert par leur quittance la
somme de dix-neuf livres. Ici. 19   »

ARTICLE TROISIESME

Antoine Besfort, manouvrier, demeurant à
Holnon, avec lequel ledit sieur curé et les paroissiens ont convenu vers le mois d'octobre
dernier pour lui faire entièrement deffricher

A reporter. . 37 [1] »

Report. . 37 [1] » [s]

tout le bois qui estoit crû durant la guerre au cimetière de laditte église, et rendu ledit cimetière bien applani et fermé de haies vifves, à ce que les bestiaux n'y puissent plus entrer pour y faire aucun désordre. Moiennant la somme de onze livres, le présent marguillier voiant tout le bois deffriché et emporté par ledit Beffort, lui a baillé par advance du travail qui reste encore à faire, sans en communiquer audit sieur curé ni aux paroissiens laditte somme qui lui a été allouée avec peine et constestation. C'est pourquoi il a paié ainsi qu'il appert par sa quittance, la somme de onze livres. Ici.   11   »

ARTICLE QUATRIESME

Aux comptes de laditte église qui ont esté rendus et qui se gardent encor, depuis l'an mil cinq cent soixante, jusques à présent, il est à noter que l'on n'y a jamais admis aucunes remises. C'est pourquoi l'on n'en a point faict ici aucun chapitre (quoique par exemple le seigneur de Holnon n'aie pas paié ni faict paier ce qu'il doit pour le Seiot, depuis qu'il le tien, encor que l'obit de Bertrand Faisserel ait été acquitté par chacun an par ledit sieur curé) parce que chaque marguillier a tousjours entièrement esté responsable des biens de laditte église, à moins d'avoir faict déclarer auparavant en justice ses créanciers insolvables, et pour lors s'il y a quelque remise il en doit faire mension à la fin du mesme article où il en devoit faire la recepte.

Toutes les mises de Louis Bonvarlet montent à la somme de quarante-huit livres. Ici. . .   48 [1] » [s]

CONCLUSION DU COMPTE

Ce présent compte aiant esté publiquement leu et diligemment examiné par nous curé, marguilliers et paroissiens de laditte église de Saint-Quentin en Misery-Carnois, avons premièrement trouvé par le calcul d'icelui que la recepte d'Isaïe Defrance monte à la somme de soixantehuict livres, et les mises d'icelui à la somme de cinquanteneuf livres, d'où il appert que ledit Defrance est redevable à nostre ditte église de la somme de neuf livres, et quand à Louis Bonvarlet, nous avons trouvé que sa recepte monte à la somme de cent trente-sept livres, et les mises d'icelui à la somme de quarante-huit livres, d'où il appert aussi que ledit Bonvarlet est redevable à nostre ditte église de la somme de quatre-vingt-neuf livres, à quoi ils ont promis tous deux de satisfaire entièrement, s'il nous plaisoit leur accorder du temps pour ce service et les déclarer cependant quitte de leur charge. Dont n'estant aucunement d'avis à cause des difficultés que les nouveaux marguilliers auroient peut estre à s'en faire paier ci-après, nous avons condamné ledit Defrance à paier présentement laditte somme de neuf livres ainsi qu'il a faict en nostre présence ex-mains de Théodore Lohier, nouveau marguillier. Et pour ce qui est dudit Bonvarlet nous l'avons pareillement condamné à paier présentement laditte somme de quatre-vingt-neuf livres, et à faute de ce continuer dans sa charge de marguillier jusqu'à la seconde année inclusivement, afin de lui donner le temps pour ce faire paier de ce qui lui est deub de la susditte somme, suivant quoi nous avons agréé ce présent compte, et avons tous conjoinctement soubsignés dans le presbytère de Holnon ce trentiesme de septembre mil six cent soixante-trois.

> Frère Claude Rohault ; Théodore Lohier ; Anthoinne Bérenger ; Charle Halu ; Crépin Villot ; marque de André Morcrette ; marque de Charles Devillers ; marque de Louis Devillers ; marque de Robert Saudry ; marque de Jean Graux ; marque de Anthoinne Morcrette ; Anthoinne-André Béranger ; Claude Guerle ; Grau ; Martin Bavard.

Je soussigné Adrien Morel, escuyer-seigneur de Becordel et d'Attilly, conseiller du Roy au Bailliage et siège présidial d'Amiens, certifie avoir agréé le présent compte le susdit jour et an que dessus.

Morel.

Pardevant moi fr. Cl. Rohault, prestre curé de l'église paroissiale de Saint-Quentin en Misery-Carnois, estant assisté de plusieurs anciens marguilliers de la paroisse dudit lieu, comparant en sa personne Louis Bonvarlet, laboureur, demeurant à Attilly, lequel désirant d'estre quitte de la charge de marguillier de laditte église, a rendu compte de la somme de quatre-vingt-neuf livres dont il estoit redevable, ez-mains de Philippe Du Castel, nouveau marguillier ici présent en la manière qui s'ensuit :

Premièrement il a paié à Claude Ancelet pour plusieurs journées qu'il a travaillé au cimetière la somme de six livres. Ici . . . . 6^{l} »^{s}

Pour de l'esteul servant à couvrir laditte église, quarante sols. Ici . . . . 2 »

A reporter . 8^{l} »^{s}

Report. . .   8^l »^s

Pour les journées de Pierre Achez qui a couvert l'église, trente sols. Ici   1   10

Pour une clochette pour porter Dieu dans Attilly, trente sols. Ici.   1   10

Pour avoir raccommodé les corporiaux, dix sols. Ici . . . .   »   10

Pour avoir travaillé à la cloche paié au gorlier, vingt sols. Ici   1   »

Pour avoir fait conduire du sable à l'église payé à Jean Achez, seize sols. Ici . . . .   »   16

Somme de ce que dessus treize livres six sols. C'est pourquoi, ici . . . .   13^l 6^s

Secondement ledit Bonvarlet a livré ez-mains de Philippe du Castel comme estant esleu nouveau marguillier de laditte église ainsi qu'il est venu à compte en nostre présence quoi qu'il ait refusé de signer à l'occasion de quelques menues rentes dont il estoit redevable, la somme de quarante-cinq livres quatorze sols. Ici   45   14

C'est pourquoi il a paié en tout la somme de cinquante-neuf livres. Ici . . . . . .   59^l »^s

Ledit Bonvarlet n'estant plus redevable à nostre église que de la somme de trente livres justement qu'il a voulu livrer ez-mains de Philippe du Castel en nostre présence, lequel ne l'avoit voulu recevoir, mais ce seroit enfuit tant à cause des susdittes menues rentes que des quarante-cinq livres quatorze sols dont il est redevable audit Bonvarlet, tant pour lui que pour ses deux beaux-frères, preneurs solidaires de trois muids de terre de laditte église. A cause de quoi nous avons ordonné que ledit Bonvarlet fera assigner ledit du Castel, pardevant tel juge qu'il appartiendra pour se voir contraint et obligé de recevoir laditte somme de trente livres et faire les fonctions de marguillier en charge de laditte église en dedans la quinzaine. Ce faisant ledit Bonvarlet sera quitte de sa charge de marguillier et de la somme de quatre-vingt-neuf livres dont il estoit redevable à nostreditte église. Faict et passé au presbytère de Holnon, en présence des paroissiens soussignés, après les publications qui en ont été faites au prosne cejourd'hui troisiesme de febvrier mil six cent soixante-quatre.

> Frère Claude ROHAULT; marque de Jean ACHEZ, lieutenant; marque de Louis LOHIER, ancien lieutenant; Alexandre FAYET; Louis BONVARLET; marque de Robert SAUDRY; Claude GUERLE; Martin BAVART; Théodore LOHIER.

Je soussigné Philippe Du Castel, marguillier de l'église paroissiale de Saint-Quentin en Misery-Carnois pour la part d'Attilly, certifie avoir reçeu de Louis Bonvarlet, ancien marguillier de laditte église, la somme de trente livres dont il estoit redevable à laditte église, à cause de quoi je le tiens entièrement quitte de sa charge de marguillier. Fait en présence de nostre sieur curé et de Théodore Lohier, dans le presbytère de Holnon, ce vingt-cinquiesme de mars mil six cent soixante-quatre.

> Marque de Philippe Du CASTEL, Théodore LOHIER, Frère Claude ROHAULT.